AF603050

PARTIE CARRÉE,

OU

CHACUN DE SON COTÉ,

COMEDIE-VAUDEVILLE EN UN ACTE,

PAR MM. THÉAULON, AR. DART. ET D***.

Représentée pour la première fois à Paris, sur le Théâtre du Vaudeville, le 11 juillet 1810.

NOUVELLE ÉDITION.

PRIX : 1 fr. 25 c.

PARIS,
Chez MARTINET, Libraire, rue du Coq Saint-Honoré, n° 15.

IMPRIMERIE DE CHAIGNIEAU JEUNE.

1822.

PERSONNAGES.

	Acteurs.
VALMONT, ancien militaire.	M. GUILLEMIN.
EUGÈNE, jeune étourdi, neveu de Valmont.	M. ARMAND.
Mlle GERNANCE.	Mlle Mme BRAS.
CAMILLE, nièce de Mlle Gernance.	Mlle P. GEOFFROI.

La scène est à quelques lieues de Paris, dans la maison de campagne de mademoiselle Gernance.

PARTIE CARRÉE,

OU

CHACUN DE SON COTÉ,

COMEDIE.

Le théâtre représente une partie agréable d'un jardin. De chaque côté, au premier plan, est un petit pavillon, avec une fenêtre en face des spectateurs, et une porte vis-à-vis l'une de l'autre. Le fond est fermé par une muraille. Une petite porte conduit dans la campagne. Sous les fenêtres du pavillon sont des siéges et plusieurs vases de fleurs.

SCÈNE PREMIÈRE.

EUGÈNE, *seul.* (*Il ouvre doucement la porte du jardin.*)

PERSONNE, entrons... Après dix jours de siége, me voilà donc dans la place !... Après dix jours : ne dirait-on pas que c'est une forteresse imprenable ? j'aurais vingt fois escaladé les murailles, mais Camille s'y opposait avec tant de grâce... Cependant, puisque je trouve la porte ouverte, j'en profite.

AIR *du Vaudeville de l'Avare.*

Si l'amant un peu téméraire
Ne déplaît pas à la beauté,
Camille excusera, j'espère,
Cet acte de témérité.
Si sa pudeur est alarmée,
Pour la calmer je lui dirai :
« Maintenant que je suis entré,
« Tenez votre porte fermée.

Pourquoi faut-il que Mademoiselle Gernance soit brouillée avec mon oncle ?... Sans cette inimitié le voisinage de leur campagne me procurerait le bonheur de voir Camille tous les jours. Si j'essayais de les réconcilier... Bah ? ils se haïssent trop ; mon oncle ne peut parler de mademoiselle Gernance sans se mettre en colère, et quand j'arrivai de Paris, son premier soin fut de me défendre d'approcher de ce château... Il ne me parla pas de la nièce, et d'après le portrait qu'il me fit de la tante, je n'eus pas beaucoup de peine à lui obéir... Mais que dira-t-il à son retour, lorsqu'il apprendra qu'en son absence, le hasard m'ayant un soir conduit sous ces murs, j'entendis une voix charmante ; que le lendemain je vis une personne adorable ; que dix jours après j'osai m'introduire furtivement auprès d'elle ? que dira-t-il enfin lorsqu'il saura que j'aime la nièce autant qu'il déteste la tante ? ce qu'il dira n'est pas difficile à deviner.

AIR *du Vaudeville d'Amour et Mystère.*

« Osez-vous paraître à mes yeux,
« Après une telle conduite ?
« Fuyez, libertin, de ces lieux,
« (Dira-t-il) ; Je vous deshérite ! »
J'écoute son sermon,
Bien sévère et très-long ;
Car je sais que son âme est bonne.
Quand il a dit : Point de pardon !
C'est alors qu'il pardonne.

J'entends parler ? on s'avance .... sauvons-nous. (*Il court vers la porte du jardin.*) O ciel ! on vient du dehors !... Que faire ? cherchons un refuge dans ce pavillon. (*Il entre dans le pavillon à droite.*)

SCÈNE II.

Mlle GERNANCE, CAMILLE, EUGÈNE, *dans le pavillon.*

CAMILLE.

Fermez bien la porte, ma tante... (*A part.*) Il faut prendre ses précautions avec monsieur Eugène... (*Haut.*) Avez-vous fait un double tour ?

Mlle GERNANCE.

Tu sais bien que je n'y ma que jamais.

EUGÈNE, *ouvrant la fenêtre du pavillon.*

(*A part.*) Voilà ce qui s'appelle enfermer le loup dans la bergerie.

CAMILLE.

Nous vons fait une promenade charmante.... A qui appartient cette belle maison située de l'autre côté de la rivière ?

Mlle GERNANCE.

C'est la demeure d'un ancien militaire, de M. de Valmont.

CAMILLE.

S'il était poli, il viendrait rendre visite à ses voisines.

Mlle GERNANCE.

Et la rivière qui nous sépare.

CAMILLE.

Oh ! ma tante, il y a un pont sur la rivière.

Mlle GERNANCE.

S'il faut te dire la vérité, mon enfant, ce monsieur et moi sommes brouillés.... D'ailleurs tu connais mes intentions..... Aucun homme n'entrera ici avant que tu sois mariée.

CAMILLE.

Le serai-je bientôt, ma tante ?

Mlle GERNANCE.

Tu es encore bien jeune.

CAMILLE.

On me disait à Paris que c'était le bel âge.

Mlle GERNANCE.

Rassure-toi, Camille... Tu sais combien je t'aime ; je ne ferai rien que pour ton bonheur.

CAMILLE.

Je vous remercie, ma tante.

Mlle GERNANCE.

De ton côté, il faut que tu m'aides un peu à te rendre heureuse.

CAMILLE.

Volontiers; que faut-il faire?

Mlle GERNANCE.

Il faut me promettre de m'avertir si jamais quelque jeune étourdi, qui aurait pu t'entendre chanter ou te voir dans nos promenades, se présentait à cette porte.

CAMILLE.

Je vous le promets, ma tante.... (*A part.*) Eugène n'est point un étourdi; il me l'a bien dit.

Mlle GERNANCE.

Crois-moi, mon enfant, défie-toi de ton cœur.

AIR : *Et ma fortune est faite.*

C'est en vain que la beauté brille,
Elle ne séduit qu'un instant.
La vertu d'une jeune fille,
Voilà son plus bel ornement.
Avec prudence
Et défiance,
Pour surveiller ce précieux trésor,
L'honneur fidèle,
Fait sentinelle,
Mais trop souvent l'amour triomphe encore.
D'abord c'est le cœur d'une belle
Qu'il attaque d'un air soumis :
Quand une fois le cœur est pris,
Gare à la sentinelle.

CAMILLE.

Soyez tranquille, ma tante.

AIR : *Je suis un chasseur plein d'adresse.*

Vous savez que je suis docile :
Vos préceptes et vos avis,
Sans cesse par votre Camille,
De point en point seront suivis.
Reposez-vous sur ma prudence,
Et sur-tout sur ma confiance;
Car, ma tante, si j'en avais,
Je vous dirais
Tous mes secrets.
Mais vous les saurez désormais,
Et dans ces lieux je vous promets
Qu'un amant n'entrera jamais.

(*L'orchestre achève l'air* : Va-t'en voir s'ils viennent , etc.)

Mlle GERNANCE.

Je retourne à la maison.

CAMILLE.

Moi je vais arroser mes pauvres fleurs... Ma tante, où est mon arrosoir.

Mlle GERNANCE, *désignant le pavillon où est Eugène.*

Dans ce pavillon.

CAMILLE.

Je vais le chercher. (*Elle entre dans le pavillon , pousse un cri , et sort en tremblant.*)

Mlle GERNANCE.

Qu'as-tu donc, mon enfant ?

CAMILLE.

Rien, ma tante.

Mlle GERNANCE.

Pourquoi ce cri ?

CAMILLE.

Ce pavillon est si profond et si obscur !

Mlle GERNANCE.

Je ne pourrai donc pas te corriger de cette frayeur ridicule que t'inspire l'obscurité?

CAMILLE.

C'est que j'ai cru voir...

Mlle GERNANCE.

Je veux profiter de cette circonstance pour te montrer combien ton effroi est déplacé... Va chercher ton arrosoir.

CAMILLE.

Non, ma tante.

Mlle GERNANCE.

C'est vraiment honteux à ton âge... Suis-moi... Je vais te prouver.... (*Elle va pour entrer dans le pavillon*, *Camille l'arrête.*

CAMILLE.

Vous avez raison ma tante.... C'est vraiment honteux à

mon âge... Je veux me corriger... Ne me suivez pas. (*Elle entre dans le pavillon.*)

Mlle GERNANCE.

A la bonne heure. (*Elle ferme la porte.*) Demeures-y quelques instans.

CAMILLE, *par la fenêtre du pavillon.*

Ma tante, ma tante, ouvrez, je vous en prie. (*Jeu muet entre Eugène et Camille.*)

Mlle GERNANCE, *tenant la porte.*

Laisse, laisse, je sais ce que je fais.

CAMILLE.

AIR : *Ermite, bon ermite.*

N'êtes-vous pas contente ?
Pourquoi cette rigueur ?
Ouvrez, ouvrez, ma tante.

Mlle GERNANCE.

Quand tu n'auras plus peur.

CAMILLE.

Ce tour ne me plaît guère.
Ah ! calmez mon effroi.

Mlle GERNANCE.

Dois-tu trembler, ma chère,
Quand je veille sur toi ?

CAMILLE.

N'êtes-vous pas contente ?
Pourquoi cette rigueur ?
Soyez plus indulgente.
Ouvrez, ma tante,
Ouvrez, je n'ai plus peur.

Mademoiselle Gernance ouvre la porte. Camille sort avec son arrosoir.

Mlle GERNANCE, *riant.*

Comme te voila émue ! Rassure-toi, mon enfant.

CAMILLE.

Oui riez, riez, ma tante; je vous le conseille.

Mlle GERNANCE.

Ne te fâche pas, ma Camille; reprends tes sens, arrose tes fleurs : et n'oublie pas que tu dois me dessiner ce matin la broderie d'une robe... La pauvre enfant ! (*Elle sort.*)

SCÈNE III.

EUGÈNE, CAMILLE.

(*Eugène sort du pavillon, et ramène Camille, qui veut fuir.*)

EUGÈNE.

AIR *de la Maréchale, contredanse.*

Que votre embarras cesse,
Partagez mon ivresse,
Comptez sur ma sagesse :
Voyez-moi
Sans effroi.

CAMILLE.

J'éprouve un charme extrême
A vous voir ici ; mais
Je sens que je vous aime,
Plus de loin que de près.

Ensemble.

EUGÈNE.

Que votre embarras cesse ;
Partagez mon ivresse,
Comptez sur ma sagesse,
Voyez-moi
Sans effroi.

CAMILLE.

Oui, mon embarras cesse ;
Et dans ma douce ivresse,
Comptant sur sa sagesse,
Je le voi,
Sans effroi.

CAMILLE.

A présent, Monsieur, je vous ordonne de vous en aller.

EUGÈNE.

Et par où?... la porte est fermée à double tour.

CAMILLE.

Hier je vons défendais d'escalader les murailles, aujourd'hui je vous le permets.

EUGÈNE.

J'obéis.

CAMILLE, *à part.*

Il pourrait se blesser ...... (*Haut.*) Je ne vous le permets pas.

EUGÈNE.

Que faut-il donc que je fasse ?

CAMILLE.

Tout ce que vous voudrez, pourvu que ma tante ne vous trouve pas ici.

EUGÈNE.

Elle ne viendra pas de sitôt, causons un moment.

CAMILLE.

A condition que vous ne me parlerez pas d'amour.

EUGÈNE.

Je vous le jure !... M'aimez-vous toujours, Camille ?

CAMILLE.

Oui, Monsieur, mais à compter de demain, je ne vous aimerai plus.

EUGÈNE.

A compter de demain !

CAMILLE.

AIR *du Vaudeville de la Robe et les Bottes.*

N'allez pas me demander grâce,
Car, Monsieur, ce serait en vain ;
Oui, pour mieux punir votre audace,
Je veux vous haïr dès demain.
Et pour augmenter votre peine,
Et vos regrets et vos ennuis,
Je veux, en attendant ma haine,
Vous aimer beaucoup aujourd'hui.

EUGÈNE.

Méchante !

CAMILLE.

Il ne faut pas être trop bonne avec vous, messieurs.

AIR *du Vaudeville des Amans sans Amour.*

Les hommes, dit-on, sont volages ;
C'est une triste vérité.
Eh ! comment veut-on qu'ils soient sages ?
On les gâte par la bonté.
Ils encourraient bien moins de blâmes
Et garderaient bien mieux leur foi,
Si de nos jours toutes les femmes
Etaient méchantes comme moi.

EUGÈNE, *lui prenant la main, qu'elle retire.*

Charmante Camille!

CAMILLE.

Eh bien! Finissez-donc, Monsieur.

EUGÈNE.

Vous m'aimez encore aujourd'hui.

CAMILLE, *lui tendant la main.*

C'est vrai, je n'y pensais plus.

(*Eugène lui baise la main.*)

Mlle GERNANCE, *au dehors.*

Camille! Camille!

CAMILLE.

Ah! mon dieu, voilà déjà ma tante.

EUGÈNE.

Je rentre dans ma prison.

CAMILLE.

La fenêtre est fermée, cachez-vous tout au fond... Ma tante ne vous verra pas s'il lui prend fantaisie d'y entrer. (*Elle ferme la porte du pavillon.*) Ah! mon dieu, que l'amour cause de peines!

SCÈNE IV.

Mlle GERNANCE, CAMILLE.

Mlle GERNANCE, *arrivant d'un air joyeux.*

Camille, retournez à la maison travailler à ma broderie.

CAMILLE.

Sur-le-champ, ma tante.

Mlle GERNANCE.

Oui, Mademoiselle. (*A part.*) De ma fenêtre, je viens d'apercevoir Mr de Valmont.

CAMILLE, *revenant.*

Vous ne venez pas, ma tante?

Mlle GERNANCE.

Non... (*A part.*) Je suis dans un négligé...

CAMILLE, *revenant encore.*

Ma tante, venez me faire voir comment vous voulez votre broderie.

Mlle GERNANCE.

Comme tu voudras... Va-t'en.

CAMILLE.

Comment pourra-t-il s'échapper? (*Elle sort.*)

SCÈNE V.

Mlle GERNANCE, *seule.*

Ce cher Valmont!... Quel plaisir de le revoir après une absence de quinze jours!... Grâce à mon adresse, personne ne soupçonne notre amour, et bientôt l'hymen... A mon âge on ne craint pas de s'engager.

AIR : *Une fille est un oiseau.*

Quand l'amour prompt, et léger,
D'un cœur trop jeune s'empare,
Souvent son humeur bizarre
Le force de voltiger;
Mais du dieu qui nous entraîne,
Lorsque nous portons la chaîne,
J'usques à la quarantaine,
En vain il veut nous troubler;
On fixe enfin le volage :
L'amour n'a plus à cet âge
La force de s'envoler.

(*On entend frapper à la porte du fond.*)

Le voilà... Camille est rentrée, je puis ouvrir.

(*Elle va ouvrir.*)

SCÈNE VI.

Mlle GERNANCE, VALMONT.

VALMONT.

Eh! bonjour, ma bonne amie.

AIR *de la Boulangère.*

Fidèle à remplir mes sermens,
Toujours plus gai, plus tendre,

L'amour chez vous à cinquante ans
Me force de me rendre.

Mlle GERNANCE.

Malgré tous ces discours charmans,
Vous vous faites attendre
Long-temps,
Vous vous faites attendre.

VALMONT.

J'ai tort, en vain je tenterais
Ici de m'en défendre ;
Mais quand l'hymen dans ses filets
Tous deux viendra nous prendre,
Je vous prouverai que jamais
Je ne me fais attendre,
Jamais
Je ne me fais attendre.

Mlle GERNANCE.

Dites-moi donc ce que vous avez fait à Paris pendant quinze grands jours.

VALMONT.

Eh ! parbleu, j'ai terminé mon procès.

Mlle GERNANCE.

J'en suis charmée... Je vous disais bien que votre cause était bonne.

VALMONT.

C'est vrai, mais vous ne me disiez pas que je la perdrais.

Mlle GERNANCE.

Vous avez perdu votre procès ?

VALMONT.

Avec frais et dépens.

Mlle GERNANCE.

AIR *du Vaudeville des Fiancés.*

Je l'avoûrai, je ne m'attendais guère
A cet arrêt disgracieux ;
Votre bon droit dans cette affaire,
Devait sauter à tous les yeux.

VALMONT.

On employa contre moi l'artifice,
Et ce bon droit, mon seul espoir,
Tout en sautant aux yeux de la justice,
L'empêchait de le voir.

Mlle GERNANCE.

Vous en riez, je crois.

VALMONT.

Certainement. La perte que je fais de ce bien m'épargnera la peine de le faire valoir.... D'ailleurs voilà un puissant motif de consolation.

(*Il sort un papier de sa poche.*)

Mlle GERNANCE.

Quel est ce papier?

VALMONT.

AIR : *C'est un enfant.*

Ce papier, ma charmante amie,
Est, selon qu'il plaît au destin,
Tantôt une chaîne fleurie,
Tantôt une chaîne d'airain;
Ou s'il faut, ma chère,
Afin de vous plaire,
De mon style adoucir l'éclat,
C'est un contrat.

Mlle GERNANCE.

Un contrat!

VALMONT.

Auquel il ne manque que les noms des parties contractantes... Contractons-nous?

Mlle GERNANCE.

Je vous le répète, dès que Camille sera mariée... La décence ne veut pas que ma nièce et votre neveu vivent sous le même toit.

VALMONT.

Après de mûres réflexions... Considérant que votre nièce est encore bien jeune, qu'elle a le temps d'attendre, et que je ne l'ai pas ni vous non plus; considérant que les voyages forment la jeunesse, et que mon neveu a besoin d'être formé... J'ai arrêté qu'il irait parcourir l'Europe j'usqu'au mariage de Camille.

Mlle GERNANCE.

Vous voulez éloigner votre neveu par rapport à moi? Je ne le souffrirai pas.

VALMONT.

Je l'ai mis dans ma tête ; il partira demain, et après-demain vous serez madame de Valmont.

Mlle GERNANCE.

Vous êtes donc mécontent d'Eugène ?

VALMONT.

Au contraire... Eugène est le garçon le plus sage, le plus obéissant de cette contrée. Quand il arriva de Paris, je lui défendis d'approcher de ce château, sous prétexte que j'avais pour vous la haine la plus forte : je suis bien sûr que vous ne l'avez jamais vu.

Mlle GERNANCE.

S'il était venu, je le saurais ; Camille me dit tout.

VALMONT.

Eugène a mille qualités ; et si ce n'était pour me rapprocher de vous, je ne me séparerais jamais de lui.

Mlle GERNANCE.

Je n'y consentirai pas.... Voudrait-il s'éloigner ?

VALMONT.

Qui pourrait le retenir ?... d'ailleurs j'ai fait certain projet pour son établissement, qui rend ce voyage nécessaire.... Il n'était pas revenu de la chasse quand je suis arrivé à la maison ; j'y retourne, je vais lui parler, hâter son départ, et tout disposer pour notre mariage.

Mlle GERNANCE.

Il va faire jaser notre mariage, mon cher Valmont !

VALMONT.

Eh bien ! nous laisserons jaser, mademoiselle Gernance... Je ne vois pas cependant ce qu'il y a d'extraordinaire.

AIR : *Il n'est pas temps de nous quitter.*

On dira : Voyez ce vieux fou ;
Ignore-t-il, quand il s'engage,
Que l'hymen est un casse-cou
Pour les étourdis de son âge ?
Tous ces discours extravagans
N'ont rien, ma chère, qui me blesse :
Prendre une femme à cinquante ans,
C'est prendre un bâton de vieillesse.

CAMILLE, *dans la coulisse.*

Ma tante ! Ma tante !

Mlle GERNANCE.

Camille. Oh ! la petite sotte.

VALMONT.

Nous voilà pris.

Mlle GERNANCE.

Entrez dans ce pavillon, je vous appellerai bientôt.

(*Valmont entre dans le pavillon.*)

SCÈNE VII.

Mlle GERNANCE, CAMILLE.

CAMILLE, *apportant un ouvrage à l'aiguille et ce qu'il faut pour dessiner.*

Ma tante !

Mlle GERNANCE.

Que venez-vous faire ici ?

CAMILLE.

Je viens vous apporter votre ouvrage.

Mlle GERNANCE, *prenant son ouvrage des mains de Camille.*

C'est bon, retournez à la maison.

CAMILLE.

Il me manque une fleur pour la broderie de votre robe, je viens en dessiner une.

Mlle GERNANCE.

Ceuillez-la, et allez-vous-en.

CAMILLE.

Elle sera plus belle sur sa tige.

Mlle GERNANCE.

Emportez l'un de ces vases.

CAMILLE.

Ils sont trop lourds, ma tante.

Mlle GERNANCE.

On dirait, Mademoiselle, que vous le faites exprès pour me contrarier.

CAMILLE.

Mon dieu, ma tante, je ne vous ai jamais vue si en colère contre moi.

Mlle GERNANCE.

C'est que je ne vous ai jamais vue si entêtée.

CAMILLE.

(*A part.*) C'est vrai.... mais j'ai bien mes raisons pour cela.

Mlle GERNANCE.

Allons, dessinez votre fleur.

CAMILLE. (*Elle porte un vase sur un siége, près la fenêtre du pavillon où est Eugène.*)

Ce sera bientôt fait, ma tante.

Mlle GERNANCE, *à Valmont, qui s'est mis à la fenêtre du pavillon.*

Je ne veux pas la contrarier, ce serait la première fois.

VALMONT.

Laissez-la faire, je suis bien ici.

Mlle GERNANCE.

Chut, elle peut vous entendre.

(*Valmont et mademoiselle Gernance parlent bas ensemble. Pendant ce temps Camille s'est assise devant le vase pour dessiner, elle tourne le dos à sa tante.*)

CAMILLE, *après avoir regardé si sa tante ne la voit pas, ouvre la porte du pavillon.*

Eugène, Eugène.

EUGÈNE, *paraissant.*

Ah! vous voilà!... Je commençais à m'impatienter.

CAMILLE.

Silence, ma tante est là.

Mlle GERNANCE. (*Elle est assise près de la fenêtre du pavillon à gauche ; elle tourne le dos à Camille, et travaille.*

Camille, fais-moi le plaisir de chanter en dessinant........ (*Bas à Valmont.*) Cela vous désennuira.

CAMILLE.

Volontiers, ma tante. (*Bas à Eugène.*) Cela vous distraira.

Mlle GERNANCE.

Chante cette romance que je t'ai apprise dernièrement.

CAMILLE.

Oui, ma tante.

AIR *nouveau de Doche.*

L'innocence est le rêve heureux
Que fait un cœur paisible encore,
C'est le premier bien que les dieux
Attachèrent à notre aurore ;
Tout est plaisir, tout est douceur,
Tant que le destin nous le laisse,
Mais par malheur, (*bis.*)
Notre cœur ne dort pas sans cesse.

En quatuor, à mi-voix

Ah ! par bonheur, (*bis.*)
Notre cœur ne dort pas sans cesse.

CAMILLE.

Deuxième couplet.

Le cœur de Laure sommeillait.
Ce rêve la rendait heureuse,
A seize ans l'Amour, qui paraît,
Vient la traiter de paresseuse.
Elle l'écoute avec candeur,
Et dit bientôt avec tristesse,
Ah ! par malheur, (*bis.*)
Notre cœur ne dort pas sans cesse.

En quatuor, à mi-voix.

Ah ! par bonheur, (*bis.*)
Notre cœur ne dort pas sans cesse.

Mlle GERNANCE, *pendant que Valmont lui baise la main.*

Que cela te serve de leçon, mon enfant !

CAMILLE, *pendant qu'Eugène lui baise aussi la main.*

Oui, ma tante.

Troisième couplet.

Toi qui possèdes pour trésor
Une tranquille indifférence,
Jeune beauté qui fais encor
Le rêve heureux de l'innocence,
Laisse, laisse dormir ton cœur
Au sein de l'austère sagesse,
　　Pour ton malheur, (*bis*)
Il ne dormira pas sans cesse.

En quatuor, à mi-voix.

　　Pour ton bonheur, (*bis.*)
Il ne dormira pas sans cesse.

Mlle GERNANCE.

Bien, très-bien, ma Camille! Et la fleur est-elle terminée.

CAMILLE.

Pas encore, ma tante.

Mlle GERNANCE, *bas à Valmont.*

Il faut avoir de la patience!

VALMONT, *bas à mademoiselle Gernance.*

Sur-tout lorsqu'on veut se marier.

Mlle GERNANCE.

Ce dessin sera parfait, car tu y mets le temps.

CAMILLE.

Je vous assure, ma tante, qu'on ne peut aller plus vite... (*Bas à Eugène.*) N'est-ce pas, Eugène?

EUGÈNE, *bas à Camille.*

Chère Camille, concevez-vous tout mon bonheur?

CAMILLE, *bas à Eugène.*

Si j'avais moins peur!

Mlle GERNANCE, *bas à Valmont.*

Je vois avec plaisir qu'elle aime beaucoup ce genre d'occupation.... Je l'encourage le plus que je puis.

VALMONT, *bas à mademoiselle Gernance.*

Vous faites très-bien.

Mlle GERNANCE.

Camille, et la fleur?

CAMILLE.

Encore un coup de crayon, ma tante.

Mlle GERNANCE, *se levant.*

Ah! c'est trop fort.

CAMILLE, *se lève et court au-devant de sa tante.*

C'est fini. (*Valmont quitte la fenêtre.*)

Mlle GERNANCE, *prenant le dessin.*

C'est bien heureux... voyons ça.

CAMILLE. (*Elle aperçoit la clef du jardin, que sa tante a laissée sur sa chaise.*)

(*A part.*) La clef de la petite porte... Oh! si je pouvais la prendre!

Mlle GERNANCE, *regardant le dessin.*

A merveille!

CAMILLE, *essayant de prendre la clef.*

Vous êtes bien indulgente, ma tante.

Mlle GERNANCE, *regardant toujours le dessin.*

Il me semble pourtant que ce trait est un peu fort.

CAMILLE, *saisissant la clef.*

Il est vrai, ma tante; mais il est nécessaire pour faire ressortir.

Mlle GERNANCE.

Tu as raison... Est-ce fini?

CAMILLE.

Oui, ma tante.

Mlle GERNANCE.

Comme tu es adroite!... Embrasse-moi, et va-t'en.

CAMILLE, *à part.*

Je n'ai plus rien à faire ici.

Mlle GERNANCE, *bas à Valmont.*

Elle s'en va.

CAMILLE, *à Eugène*, *vivement*.

Voilà la clef... Soyez prudent... Sauvez-vous, et ne revenez plus. Adieu !.... (*Haut.*) Vous ne venez pas, ma tante.

Mlle GERNANCE.

Pas encore.

CAMILLE.

Vous aimez bien le jardin aujourd'hui, ma tante.

Mlle GERNANCE.

Gardez vos réflexions, mademoiselle.

EUGENE, *à part*, *en fermant la croisée*.

Attendons le moment favorable.

SCÈNE VIII.

Mlle GERNANCE, VALMONT.

VALMONT, *toujours à la fenêtre de son pavillon*.

Elle est vraiment charmante ! et je sens, comme vous, qu'il n'est pas prudent de la loger sous le même toit que mon neveu.... Puis-je sortir de ce pavillon ?

Mlle GERNANCE.

Un instant... Camille peut revenir... Je ne trouve pas la clef de la porte du jardin.

VALMONT.

Allons, me voilà votre prisonnier.

Mlle GERNANCE, *riant*.

Je vois qu'il vous faudra escalader la muraille.

VALMONT.

Escalader !.... Un moment.... Passe encore si c'était pour vous voir... ; mais pour vous quitter, non parbleu !

Mlle GERNANCE.

Vous riez ! mais je ne trouve pas ma clef.

VALMONT.

Votre nièce l'aura peut-être emportée.

Mlle GERNANCE.

Vous m'y faites penser... La petite étourdie!... Ne vous impatientez pas, je cours la chercher. (*Elle sort.*)

SCÈNE IX.

VALMONT, et ensuite EUGÈNE.

VALMONT, *à la fenêtre de son pavillon.*

AIR *de la walse du Pauvre Diable.*

En vérité, je ne suis guère sage,
Et ce serait avec justes raisons,
Qu'en me voyant dans ces lieux à mon âge,
On me croirait aux Petites-Maisons.

EUGÈNE, *paraissant à la fenêtre de son pavillon, tenant la clef du jardin.*

Je voudrais bien finir mon esclavage,
Mais pour cela prenons bien notre temps.
Il est cruel de rester dans la cage
Lorsqu'en ses mains on a la clef des champs.

Ensemble.

En vérité je ne suis guère sage,
Et l'on a dit avec justes raisons,
Que les amans de tout rang, de tout âge,
Sont du gibier des Petites-Maisons.

EUGÈNE.

Tandis qu'ici le neveu fait des siennes,
L'oncle à Paris met en lui son espoir.

VALMONT.

Tandis qu'ici l'oncle fait des fredaines,
Le neveu sage est tout à son devoir.

Ensemble.

En vérité, je ne suis guère sage, etc.

VALMONT.

Voyons si mademoiselle Gernance revient.

EUGÈNE.

Hasardons-nous à sortir.

(*Ils entr'ouvrent chacun la porte de leur pavillon, et s'aperçoivent en même temps.*)

Ensemble.

Que vois-je ?

AIR : *Chantons les matines de Cythère.*

Je ne reviens pas de ma surprise !
Est-ce bien là mon neveu/oncle, vraiment ?
N'est-ce pas un songe une méprise ?
N'est-ce pas un enchantement ?

VALMONT.

Voilà comme à votre obéissance
On peut, mon neveu, se fier !

EUGÈNE *malignement.*

Avec mademoiselle Gernance
Je viens vous réconcilier.

Ensemble.

Je ne reviens pas de ma surprise ! etc.

VALMONT.

Monsieur mon neveu, je suis très-étonné de vous rencontrer ici.

EUGÈNE.

Je vous jure, mon oncle, que je ne vous y attendais pas.

VALMONT, *à part.*

Je vois ce que c'est... Il en veut à la nièce.

EUGÊNE, *à part.*

Il en veut à la tante, c'est clair.

VALMONT.

Vous allez me dire depuis quand, comment, et pourquoi vous êtes ici malgré ma défense.

EUGÈNE.

Oui, mon oncle... Mais comment se fait-il que vous y soyez, malgré votre haine pour mademoiselle Gernance ?

VALMONT, *à part.*

Parbleu ! je veux un peu rabattre le ton d'assurance qu'il se donne.

EUGÈNE, *à part.*

Il se consulte, il va me faire un conte.

VALMONT.

Vous saurez d'abord, Monsieur, que j'ai résolu de me marier.

EUGÈNE.

Je vous félicite, mon oncle !... Vous voilà dans la voie du salut.

VALMONT.

Qu'est-ce à dire, Monsieur?

EUGÈNE.

AIR : *Du partage de la richesse.*

Autrefois, quand dans sa jeunesse
On tombait dans l'égarement,
Par repentir, dans sa vieillesse,
On se jetait dans un couvent.
Vous avez joui du bel âge,
Et vous sentant devenir vieux,
Vous vous faites mari, je gage,
Comme l'on se faisait chartreux.

VALMONT.

Laissez-là vos mauvaises plaisanteries, et écoutez-moi. Je viens de perdre mon procès.

EUGÈNE, *à part.*

C'est assez vraisemblable, sa cause était bonne.

VALMONT.

Je perds avec lui dix mille livres de rente, et je n'ai vu d'autre moyen de réparer cette brèche faite à ma fortune, que de prendre une femme; en conséquence, mon premier soin, en arrivant, a été de venir trouver mademoiselle Gernance, et de me réconcilier avec elle.

EUGÈNE.

Bravo, mon oncle ! mademoiselle Gernance a mille qualités.

AIR *du Vaudeville de Voltaire chez Ninon.*

Elle est déjà sur son déclin,
Mais elle est encore agréable.
Elle est bonne, sensible; enfin
C'est une femme fort aimable.

VALMONT.

Ces traits-là ne sont point flattés,
Mon cher neveu, je le confesse.
La tante a mille qualités!...
C'est pourquoi j'épouse sa nièce,

EUGÈNE.

Sa nièce!

VALMONT.

Oui: sa nièce!... Mademoiselle Gernance me l'a accordée, et dès demain....

EUGÈNE, *à part.*

Un prétendu ne se cache pas; mon oncle se cachait, donc mon oncle me trompe.

VALMONT, *à part.*

Il est confondu!

EUGÈNE.

Je vais savoir la vérité.

VALMONT.

Qu'avez-vous donc, mon neveu? Ma prétendue vous paraîtrait-elle trop jeune?... Blâmeriez-vous mon choix?

EUGÈNE.

Moi, mon oncle!

AIR *du ballet des Pierrots.*

Ah! bien loin que mon cœur vous blâme,
Il vous approuve, et je soutiens
Qu'ici-bas une jeune femme
Est pour nous le premier des biens.
Elle embellit nos destinées,
Et chacun sait qu'en ce pays,
Moins l'épouse compte d'années,
Plus le mari compte d'amis.

VALMONT, *à part.*

Il le prend en plaisantant; me serais-je trompé?

EUGÈNE.

Une seule chose m'étonne... Vous me parlez d'une nièce,

et j'ai cru jusqu'à présent, que mademoiselle Gernance vivait seule dans cette campagne?... Vous me l'aviez dit vous-même!.... Ah! elle est peut-être encore à la pension?

VALMONT.

Comment! vous ne connaissez pas cette nièce?... Est-ce que vous seriez ici pour mademoiselle Gernance, par hasard?

EUGÈNE.

Je vous dois la verité : oui, mon oncle, c'est mademoiselle Gernance qui me retient ici. (*A part.*) Je ne ments pas, puisque c'est elle qui a fermé la porte à double tour.

VALMONT.

(*A part.*) En voici bien d'une autre! (*Haut.*) Est-ce que vous aimeriez mademoiselle Gernance?

EUGÈNE.

Vous ne vous en faites pas une idée, mon oncle.

VALMONT.

Oh! oh! Et mademoiselle Gernance vous aimerait-elle?

EUGÈNE.

Comme je l'aime.

VALMONT, *à part.*

Je ne m'étonne plus si elle s'opposait à son départ.

EUGÈNE, *malignement.*

(*A part.*) Je le tiens. (*Haut.*) Qu'avez-vous donc, mon oncle? Trouveriez-vous ma prétendue trop âgée?... Blâmeriez-vous mon choix?

VALMONT.

AIR : *Songez donc que vous êtes vieux.*

Oui, j'ai tout lieu de m'étonner
D'une semblable mal-adresse.
A vingt ans vouloir me donner
Une vieille tante pour nièce.

EUGÈNE.

Afin de moins vous étonner,
Songez, mon oncle, qu'à cinquante

Vous êtes prêt à me donner
Une jeune nièce pour tante.

D'ailleurs, la fortune considérable de mademoiselle Gernance....

VALMONT.

Et y a-t-il long-temps que vous la voyez?

EUGÈNE.

Dix jours, mon oncle.

VALMONT, *à part.*

Dix jours..... (*Haut.*) Et lui avez-vous déclaré votre amour?

EUGÈNE.

Pas précisément, mon oncle.... (*A part.*) Je le crois bien; je ne lui ai jamais parlé.

VALMONT, *à part.*

C'est du moins quelque chose.... (*Haut.*) Mais j'entends quelqu'un... C'est mademoiselle Gernance; restez là, mon neveu... (*A part.*) Je veux jouir de l'embarras de la perfide.

EUGÈNE.

Comment!

VALMONT.

Oui, restez là; et attendez mademoiselle Gernance.

EUGÈNE.

Mais, mon oncle!

VALMONT.

Je vous l'ordonne. (*Il entre dans le pavillon, et se met à la fenêtre.*)

EUGÈNE, *à part.*

J'étais loin de m'attendre à celle-là!... Que vais-je dire à cette tante que je n'ai jamais vue?... Parbleu! la vérité. Oh! la bonne idée! Mon oncle écoute, eh bien! qu'il entende. (*Faisant semblant de parler bas à Mlle Gernance qui n'est pas encore arrivée.*) Mademoiselle Gernance, tout est perdu!.. mon oncle m'a vu... Mais faites semblant de ne pas me connaître, je feindrai d'aimer votre nièce, il croira que je l'ai trompé.

VALMONT, *à part.*

Ah ! le double fripon ! Nous verrons çà.

SCÈNE X.

LES PRÉCÉDENS, Mlle GERNANCE.

Mlle GERNANCE, *arrivant lentement, en cherchant sa clef.*

Je ne conçois pas ce que peut être devenue cette clef. (*Elle aperçoit Eugène.*) Ah !

VALMONT, *à part.*

Ah !.... la voilà qui commence.

EUGÈNE.

Madame, daignez pardonner à ma témérité.

Mlle GERNANCE.

Qui êtes-vous ?

EUGÈNE.

Le neveu de M. de Valmont, votre voisin.

Mlle GERNANCE.

Après la haine qui existe entre votre oncle et moi, osez-vous paraître en ces lieux ? (*A part.*) S'il allait voir son oncle, qu'elle esclandre !....

VALMONT, *à part.*

Elle joue bien son rôle.

Mlle GERNANCE.

Que voulez-vous ?

EUGÈNE.

Oserai-je vous le dire ?

Mlle GERNANCE.

Il le faut. Qui vous amène en ces lieux ?

EUGÈNE.

L'amour.

Mlle GERNANCE.

L'amour!

VALMONT, *à part.*

Elle le sait bien, la perfide.

EUGÈNE.

Oui, Madame, j'adore votre nièce.

Mlle GERNANCE.

Ma nièce!...

VALMONT, *à part.*

Les fourbes!...

Mlle GERNANCE.

J'espère que Camille ne partage point vos sentimens..... J'espère...

EUGÈNE.

Madame...

AIR : *Eh! mais oui dà.*

Par hasard votre nièce
Me rendit amoureux;
Par hasard sa tendresse
Répondit à mes vœux.
Eh! mais oui dà,
Comment peut-on trouver du mal à ça?

Mlle GERNANCE.

Eh! quoi, Monsieur.

EUGÈNE.

Même air.

Ce courroux est extrême.
Si par hasard, un jour,
Pour un oncle que j'aime
Vous aviez de l'amour,
Eh! mais oui dà,
Je ne trouverais pas de mal à ça.

Mlle GERNANCE.

Eh! quel est votre but en vous faisant aimer d'une jeune personne sans expérience? Vous voulez la séduire, la tromper.

EUGÈNE.

Non, Madame, je veux l'épouser.

VALMONT, *à part.*

L'épouser!... je les tiens.

Mlle GERNANCE.

Mais pensez-vous que votre oncle consente....? Songez d'ailleurs que Camille est bien jeune.

VALMONT, *sortant du pavillon, une plume et le contrat à la main.*

C'est égal, Mademoiselle, c'est égal; je donne mon consentement à ce mariage, et je veux le terminer sur-le-champ.

Mlle GERNANCE.

Voilà tout découvert!

EUGÈNE.

Gare l'explication!

VALMONT, *à part.*

Les voilà pris... Oh! je n'en aurai pas le démenti. (*Bas à Mlle Gernance.*) J'espère que vous ne vous ferez pas prier; ceci avance notre mariage. (*Bas à Eugène.*) Obéissez, ou je vous deshérite.

Mlle GERNANCE.

Mais, mon ami...

EUGÈNE.

Mais, mon oncle...

VALMONT.

Je ne vous dis qu'un mot; le voulez-vous, ou ne le voulez-vous pas?

Mlle GERNANCE.

Je vois bien qu'il faut y consentir.

EUGÈNE.

Mon devoir est dans l'obéissance.

VALMONT, *à Mlle Gernance.*

Voici le contrat qui devait servir à nous unir; les noms sont en blanc... Nous allons promptement terminer l'affaire.

Mlle GERNANCE, *à part.*

Dans le fond, ce mariage est assorti.

EUGÈNE, *à part.*

Gare l'explication !

VALMONT, *à Eugène.*

Signez, monsieur le mari.

EUGÈNE, *signant.*

Vous me faites faire tout ce que vous voulez, mon oncle.

Mlle GERNANCE.

Mais il faudrait au moins consulter Camille avant de la marier.

VALMONT.

Nous la consulterons après, signez toujours. (*Elle signe.*) Justement la voici.

SCÈNE XI et dernière.

LES PRÉCÉDENS, CAMILLE, *accourant.*

(*Elle veut fuir en apercevant Valmont et Eugène.*)

Mlle GERNANCE.

Approchez, Mademoiselle.

CAMILLE.

Pardonnez-moi, ma tante; je ne les ai fait entrer ni l'un ni l'autre.

VALMONT.

Ne craignez rien, mon enfant, avancez et répondez; voulez-vous vous marier ?

CAMILLE.

Oui, Monsieur, si ma tante le veut.

VALMONT, *lui montrant Eugène.*

Voulez-vous épouser Monsieur?

CAMILLE.

De tout mon cœur, ... si ma tante le veut.

VALMONT.

Signez ce contrat.

CAMILLE.

Volontiers,... si ma tante le veut.

(*Mlle Gernance fait signe que oui.*)

VALMONT, *après qu'elle a signé.*

Maintenant embrassez votre mari.

CAMILLE.

Je le veux bien,... si ma tante le veut.

(*Ils s'embrassent.*)

VALMONT, *triomphant.*

Comme les voilà confondus!... Ils ne s'attendaient pas à ce tour. (*En ricanant.*) Mlle Gernance, rien ne s'oppose plus à notre mariage.

Mlle GERNANCE.

Nous le terminerons quand vous voudrez.

VALMONT, *ricanant toujours.*

Sur-le-champ. Eh bien! mon neveu, êtes-vous content?

EUGÈNE.

AIR *du Ménage de garçon.*

Mon oncle, je vous remercie;
Je sens tout ce que je vous dois:
J'aime Camille à la folie.

VALMONT, *stupéfait.*

Se serait-il moqué de moi?

EUGÈNE.

Oui, votre bonté tutélaire,
On le sait, vous suit en tous lieux,
Et même, sans vouloir le faire,
Vous faites ici des heureux.

VALMONT.

Vous l'aimez, dites-vous ?

CAMILLE.

Oh ! mon Dieu oui, il m'adore.

VALMONT.

Il serait vrai ! vous m'avez donc trompé, Monsieur ?

EUGÈNE.

Je vous respecte trop, mon oncle, pour me déclarer jamais votre rival.

VALMONT.

Le coquin.... Allons je suis joué; mais pourrais-je en être fâché ? je fais son bonheur. (*Prenant la main de mademoiselle Gernance*) et le mien, car je vous épouse.

Mlle GERNANCE.

Vous me direz, Eugène, où vous avez vu Camille, et comment il se peut...

VALMONT.

Les voilà mariés, nous allons en faire autant; ainsi plus de questions, mademoiselle Gernance, et ne songeons maintenant qu'aux apprêts des deux noces.

Mlle GERNANCE.

Je suis de cet avis.

CAMILLE.

Et moi aussi, ma tante.

VALMONT.

Nous avons fait l'amour chacun de notre côté, eh bien ! nous serons heureux, je l'espère, chacun de notre côté.

VAUDEVILLE.

EUGÈNE.

AIR *nouveau de Doche, ou vaudeville de M. Guillaume.*

Lorsqu'en ces lieux, malgré votre défense,
J'eus de l'amour reconnu le signal,
Pour mieux tromper mon espérance,
Vous vous êtes dit mon rival;
Mais à mon tour, déployant mon adresse,
De ruse avec vous j'ai lutté;
Et voilà comme on se trompe sans cesse
Chacun de son côté.

Mlle GERNANCE.

Avant l'hymen, croyant bien nous connaître,
Lorsqu'on entend les hommes discourir,
Ils veulent tous parler en maître,
Et sous leurs lois nous asservir;
Mais par l'hymen il faut bien qu'ils finissent.
Alors, malgré leur fermeté,
Sans y penser, ces messieurs obéissent
Chacun de leur côté.

VALMONT.

Quand un héros, que l'univers contemple,
Au champ d'honneur guide tous les Français,
Lorsque lui-même il sert d'exemple
Pour mieux assurer leurs succès;
Quand sa compagne a, par sa bienfaisance,
Déjà fait bénir sa bonté,
Ils font ainsi le bonheur de la France
Chacun de son côté.

CAMILLE, *au public.*

Messieurs, l'auteur, tremblant pour son ouvrage,
Dans ce moment redoute votre arrêt.
De mériter votre suffrage
Aurait-il fait le vain projet?
Ah! pour juger cette légère esquisse,
Sur-tout point de sévérité,
Et que ce soir tout le monde applaudisse
Chacun de son côté.

FIN.

www.ingramcontent.com/pod-product-compliance
Ingram Content Group UK Ltd.
Pitfield, Milton Keynes, MK11 3LW, UK
UKHW022010260726
13994UKWH00004B/1995